AF371144

PROJET D'ORGANISATION

D'UN

Nouveau corps d'Infanterie de Ligne-Légère,

SOUS LA DÉNOMINATION DE

DÉVOUÉS A LA PATRIE,

PAR

Gabriel-Dominique **BASCANS**,

Officier de la Légion-d'Honneur, Capitaine en retraite et ex-Chef de Bataillon de la
Garde Nationale de Toulouse.

Si la guerre est indispensable au développemen
des hautes parties de l'art militaire, les dé-
tails ne se perfectionnent que pendant la paix.
(ROQUANCOURT, *Cours élémentaire d'art*
et d'histoire militaire.)

TOULOUSE,

IMPRIMERIE D'AUG. HENAULT,
rue Triprière, 9.

—

1848.

Projet d'Organisation

D'UN NOUVEAU CORPS

D'INFANTERIE DE LIGNE-LÉGÈRE.

Toulouse, le 21 mars 1848.

Au Citoyen Ministre de la Guerre.

La République, géant dès son berceau, a, de son souffle puissant et régénérateur, éveillé, ranimé les peuples de l'Europe qui, par leur brûlante énergie, brisent les chaînes qui les rivaient au despotisme le plus atroce, chassent et mettent en fuite, pour jamais, la féodalité sous laquelle ils gémissaient depuis des siècles.

Salut! salut! Liberté Républicaine! reçois les enthousiastes acclamations des peuples qui te bénissent, qui te devront la dignité de l'homme et leur émancipation.

Quant à nous, enfans de la France, nos cœurs palpitans de joie, d'allégresse et de bonheur, nous devons apporter à ton édifice déjà colossal notre pierre, que nous cimenterons de notre sang. Oui! tous nous devons, par amour de la patrie et de notre belle France, venir à ton aide par tous les moyens qui sont en notre pouvoir. L'un, par son génie, son talent et son expérience; l'autre, par sa puissance positive : enfin, moi, vieux soldat, aidé par mon expérience, j'apporte ma pierre. J'ai la conviction la plus profonde, la plus opiniâtre que, si elle est acceptée, elle sera dans l'édifice républicain son plus ferme soutien.

Avant tout, je prendrai la liberté de vous faire observer, Citoyen Ministre, que, plus il y aura dans l'armée des corps d'infanterie sous diverses dénominations, plus l'émulation devra être vive et ardente. Devant l'ennemi, chaque corps voulant être plus brave, plus courageux et plus énergique que tel autre corps, cette émulation devra tourner, infailliblement, à l'affermissement de la République et à la gloire de nos armes.

A cet effet, j'ai l'honneur, Citoyen Ministre, de soumettre à votre expérience et à votre appréciation un projet d'organisation d'un nouveau corps d'infanterie de *ligne-légère*, qui devra, conjointement avec les corps de l'armée qui existent déjà, dans les guerres que la République aura à soutenir ou à faire, contre les étrangers, porter la terreur et l'épouvante dans les rangs ennemis et les détruire.

Ce corps, de nouvelle formation, s'appellera : Premier Régiment d'Infanterie de *ligne-légère* de Dévoués à la Patrie. Il se composera 1o d'enrôlés volontaires ; 2o de jeunes soldats qui voudront devancer l'époque de leur tirage, pour entrer dans les Dévoués à la Patrie ; 3o de sous-officiers, caporaux, soldats, tambours et clairons de l'armée qui demanderont à entrer dans les Dévoués à la Patrie.

Les remplaçans, n'importe à quel titre, ne pourront, sous aucun prétexte, être incorporés dans le Régiment des Dévoués à la Patrie.

Pour être admis dans les Dévoués à la Patrie, il faudra que celui qui se présentera pour en faire partie, soit sain de corps et bien constitué ; le minimum de la taille sera celle admise d'après la loi. Cet homme, de petite taille, avant son incorporation, sera soumis à un serment, comme le feront tous ceux qui seront incorporés dans les Dévoués ; ce serment sera un sûr garant de son énergie et de son courage, mais cependant à condition qu'il aura la force physique nécessaire pour faire la guerre. Quoique petit, on peut être très-brave et très-courageux, mais ne pas avoir les forces suffisantes pour supporter les fatigues de la guerre.

Le Dévoué à la Patrie, après avoir prouvé, par certificat, qu'il ne lui aura été appliqué aucun jugement qui attaque sa moralité, son honneur et sa probité, fera, devant les premières autorités militaires du lieu, ou, à défaut, devant les premières autorités civiles, le serment suivant :

« Je jure fidélité et obéissance à la République; de combattre et marcher à l'ennemi sans avoir égard au nombre; d'être prodigue de ma vie, de mépriser le danger et la mort, de les fouler aux pieds, de m'en faire un marche-pied pour combattre et vaincre les ennemis de la République : étant devant l'ennemi, de ne jamais faire un pas en arrière, sans ordre de mon chef; de marcher sur les pièces de canon de l'ennemi, et malgré les boulets et la mitraille, de les enlever ou succomber; étant en colonne serrée, de charger la cavalerie ennemie et de la détruire; de monter à l'assaut toutes les fois qu'il le faudra; et, enfin, étant assiégé dans une place forte, de ne jamais me rendre, et qu'avant d'abandonner la place il ne reste pas des fortifications pierre sur pierre, que les vivres soient totalement épuisés, et presque plus de munitions; alors, dans cette dernière situation, tenter, à la faveur d'une nuit obscure ou pluvieuse, une sortie pour passer sur le ventre des troupes assiégeantes, pour de là se rendre où se trouvera l'armée française; s'il y a impossibilité de passer à travers les masses ennemies, rentrer dans la place qui ne doit offrir à l'œil qu'un monceau de décombres et de ruines; y attirer l'ennemi en grand nombre, d'une manière ou d'une autre, et avec les munitions qu'on aura conservées exprès, se faire sauter aux cris de : Vive la République ! »

Ce serment sera répété par le nouveau Dévoué à la Patrie devant le centre du bataillon dans lequel il sera incorporé et à douze pas du premier rang faisant face au drapeau, à haute et intelligible voix, en élevant la main droite, et sans gants, dirigée vers le drapeau. Sur ce drapeau, sera inscrit d'un côté, 1ᵉʳ Régiment de ligne légère, de Dévoués à la Patrie; de l'autre côté du drapeau sera inscrit : Vaincre ou mourir pour la patrie ! Il est bien entendu que le colonel jusqu'au sous-lieutenant, tous les sous-officiers, caporaux, tambours, fifres, clairons (il sera créé des fifres), sapeurs et musiciens, prêteront le même serment que ci-dessus.

C'est ainsi que devront se conduire les Dévoués à la Patrie dans les places de guerre, qui se trouveraient assiégées par les ennemis de la République.

Dans les batailles et combats, où les Dévoués assisteront, ils auront toujours à leur pensée et devant leurs yeux le sublime dévoûment des marins du vaisseau le *Vengeur*, qui, aux cris de vive la République, se laissèrent couler au fond de la mer plutôt que de se rendre aux Anglais.

Les Dévoués à la Patrie auront à imiter l'héroïque dévoûment de ce capitaine de grenadiers (en Vendée) à qui le général en chef de l'armée républicaine dit : « Capitaine, restez-là avec votre » compagnie ; vous y serez tous tués, mais vous sauverez l'ar- » mee ! » En effet, l'armée républicaine fut sauvée, mais les grenadiers, leur brave capitaine, les officiers de cette immortelle compagnie, animés du feu sacré de la patrie, tombèrent morts les uns après les autres, aux cris mille fois répétés de : *Vive la République !*

Les Dévoués auront à imiter le sublime dévoûment de Dassas et de Fortunat qui vivaient l'un sous la royauté et l'autre sous l'Empire, à une distance de plusieurs années l'un de l'autre et qui cependant firent éclater le plus sublime dévoûment, bien digne d'envie ; ces deux énergiques soldats, entourés d'ennemis qui appuyaient la pointe de leur baïonnette sur la poitrine de ces deux intrépides militaires en leur disant ; « Si tu pousses un cri, tu es mort ; » à l'instant, ces deux héros s'écrièrent : « Tirez, capitaine, ce sont les ennemis ! »

Les Dévoués à la Patrie devront imiter l'héroïque dévoûment de cet officier de chasseurs nationaux (Afrique) qui, prisonnier d'Ab-del-Kader, fut conduit par ce chef arabe devant le Marabout où se trouvaient enfermés et bloqués quatre-vingts de nos soldats. « Dis-leur de se rendre ou je te fais couper la tête ; » l'officier de chasseurs nationaux préférant subir une mort glorieuse de dévouement et d'honneur, s'écria d'une voix forte : « Mes camarades, ne vous rendez pas ! Rappelez-vous que vous êtes Français ! » Ab-del-Kader furieux, fit couper la tête à ce héros de dévouement ; en un mot, les Dévoués à la Patrie devront imiter et suivre l'immortelle conduite des trois cents Spartiates aux Thermopyles ; car , la devise éternelle des Dévoués sera : *Vaincre ou Mourir pour la Patrie.*

Voilà sur quelles bases , sous quelles inspirations , sous quelle influence et sur quels principes les Dévoués à la Patrie doivent être organisés et agir et quel sera l'esprit de ce corps : ayant le sentiment de toutes les vertus militaires et républicaines , il deviendra le plus ferme appui de la République française , en sera l'honneur et la gloire.

Habillement des Dévoués à la Patrie.

L'habillement doit être élégant : on ne saurait rendre trop brillantes les bandelletes des Dévoués et des Officiers qui se dévouent corps et âme à la Patrie. Ici je ne démontrerai pas la logique de cette mesure , je crois que je serai facilement compris.

Coiffure des Dévoués.

Comme les Dévoués à la Patrie auront souvent à combattre et à attaquer la cavalerie ennemie , il faut que le schako , bonnet à poil ou toute autre coiffure ait assez de force pour arrêter un coup de sabre , et les jugulaires assez fortes et assez larges pour empêcher , autant que faire se pourra , les balafres. Les épaulettes devront être armées d'une plaque en fer brillante , pour garantir les clavicules et les épaules , le devant de la coiffure devra être ornée , 1o d'une cocarde tricolore très apparente , 2o d'une plaque dessinée en tête de mort entourée de cette devise : Vaincre ou mourir pour la patrie ; 3o au des-sous de la plaque deux tibias croisés de la même matière que la plaque.

Armement des Dévoués.

L'armement sera le même que celui des chasseurs nationaux ; hors de service , les Dévoués à la Patrie porteront au côté gauche un espadon suspendu à un ceinturon ; enfin , habillement , coiffure, armement et fourniment, doivent être faits avec une certaine recherche , solidité et élégance.

Chaque Régiment de Dévoués à la Patrie pourra avoir une batterie d'artillerie composée de huit pièces ; mais les pièces de canon, chevaux , harnachement et matériel doivent être fournis par l'ennemi ; à la fin de la campagne , les pièces de canon prises à l'ennemi par les Dévoués à la Patrie , marcheront entre le premier et le second bataillon ornés de lauriers , trophée qui servira à constater leur valeur et leur courage.

Instruction générale des Dévoués à la Patrie.

L'exercice comme l'exécutent les chasseurs nationaux, c'est-à-dire comme le font les sous-officiers, et l'escrime de fusil.

Le Dévoué à la Patrie devra apprendre à monter à cheval en croupe derrière un cavalier , afin qu'on puisse porter sur un point , le plus promptement possible, de l'infanterie qui serait indispensablement nécessaire ou pour exécuter un coup de main, l'infanterie met pied à terre et agit de concert avec la cavalerie.

Le commandement du pas gymnastique sera remplacé par celui de petit pas de course et de grand pas de course ; ce dernier pas ne sera commandé que lorsqu'il faudra enlever une ou plusieurs pièces d'artillerie à l'ennemi, ou pour se porter rapidement au secours d'un corps fortement ébranlé par l'ennemi , si toutefois le terrain le permet et pour attaquer et charger la cavalerie sans se découdre.

Lorsque le Dévoué à la Patrie sera assez instruit , qu'il connaitra parfaitement l'école du soldat et de peloton, il passera à l'école de bataillon, alors on lui apprendra la manœuvre du canon, de manière que lorsque les Dévoués auront enlevé des pièces d'artillerie à l'ennemi, ils puissent s'en servir en les tournant contre l'ennemi.

Les Dévoués à la Patrie devront apprendre à nager ; la natation en temps de guerre est d'un avantage immense ; par exemple s'il s'agit de passer une rivière au gué où l'eau dépasse le téton , il faut tourner son arme la baïonnette en bas et s'en appuyer ; ceux qui sauront nager passeront sans nulle crainte quand l'eau monterait deux pouces au dessus du téton : on éviterait par ce moyen de grands malheurs : c'est ce qui est arrivé au passage de la Piava et du Tagliamento en Italie en 1809, la quatrième division perdit beaucoup de monde ; je parle par expérience, au passage de la Piava surtout, l'eau me dépassait le téton, et quoique m'appuyant du fusil la baïonnette en bas, l'eau me soulevait ; mais n'ayant aucune crainte, je conservai mon aplomb sans faire la bascule, comme beaucoup la firent et furent entrainés par le courant: si je n'avais pas su nager je ne serais pas ici à démontrer l'impérieuse nécessité d'apprendre à nager aux Dévoués à la Patrie. Au reste, la Piava pourrait faire exception aux rivières que les armées passent ordinairement au gué ; car lorsqu'on annonça à l'empereur que l'armée d'Italie avait passé la Piava au gué, il répondit brusquement : « Est-ce que vous me prenez pour un conscrit, pour me dire de telles choses, je connais la Piava, ce n'est pas une rivière que l'on passe au gué ; » pourtant le fait était vrai, mais il en coûta cher.

L'attention la plus empressée des chefs des Dévoués à la Patrie, se portera préférablement au tir à la cible, en suivant les principes de Gribuval et de ceux en usage dans l'armée et de tous les principes généralement adoptés qui amènent un militaire à tirer à la perfection. Je ferai remarquer ici que si la 32me demi-brigade qui fut formée dans nos murs devint célèbre, elle dut d'abord sa réputation à son énergique courage, mais principalement aux principes de tir que ses chefs lui avaient inculqués, qu'elle possédait d'une manière merveilleuse ; car, n'importe quel régiment ennemi parût devant elle, une pluie de plomb admirablement bien dirigée le fesait disparaitre et fondait comme neige. Dans nos célèbres campagnes d'Italie, rien ne résistait au tir de l'invincible 32me demi-brigade composée de Toulousains. Ainsi donc, toute la sollicitude des chefs des Dévoués à la Patrie se portera à bien leur inculper les bons principes de tir, pour que les Toulousains d'aujourd'hui prouvent qu'ils n'ont pas dégénéré et qu'ils ne sont pas inférieurs à leurs ainés et que sur les champs de bataille ils feront honneur à leur illustre mémoire, puisque le général en chef de l'armée d'Italie disait après le combat de Lonato : «J'étais tranquille la 32ᵐᵒ demi-brigade était là ! » Eh ! bien le général en chef d'aujourd'hui, dira quand l'occasion de combattre se présentera : « J'étais tranquille , le 1ᵉʳ régiment des Dévoués à la Patrie était là ! ! ! »

Théories.

La théorie sur le montage et remontage des armes, sur le paquetage , sur les honneurs à rendre, sur le service de place et de campagne, comme dans les autres corps de l'armée.

Punitions et discipline des Dévoués à la Patrie.

Plus de salle police ;
Plus de punitions de garde du camp ;
Plus de punitions de cachot.

Le chef des Dévoués à la Patrie, depuis le colonel jusqu'au caporal , parleront avec bonté , urbanité et fraternellement aux Dévoués ; pour les manquemens légers et ordinaires , il ne sera infligé aux soldats dévoués que la réprimande particulière ; pour les récidives , on ne pourra infliger plus de deux jours de consigne. Pour les manquemens plus graves au service et à la discipline , la grande réprimande par le capitaine devant la compagnie en armes formée en cercle. Le Dévoué pourra subir jusqu'à dix grandes réprimandes ; mais si le Dévoué se mettait à même d'en essuyer une onzième , elle n'aurait pas lieu : il sera remis une feuille de route à l'ex-Dévoué , qui le dirigera sur un autre corps , où il devra finir son temps de service , conformément à la loi.

La remise de la feuille de route aura lieu à l'appel de onze heures , la compagnie en armes formée en cercle, et faisant face par le troisième rang, de manière que l'ex-Dévoué se trouve au centre du cercle , ne voie que les épaules de ses anciens camarades. Il n'y aura dans le cercle que le sergent-major et deux caporaux ; le sergent-major remettra à l'ex-Dévoué exclu son livret arrêté, lui fera signer la main-courante , et lui remettra en même-temps la feuille de route ; cela fait , les deux caporaux sortiront du cercle , amèneront l'ex-Dévoué à la Patrie jusqu'aux limites de la garnison , en lui signifiant que s'il retourne sur ses pas , il sera arrêté par la gendarmerie , et conduit de brigade en brigade jusqu'au régiment où il doit être incorporé.

Quand un Dévoué à la Patrie s'enivrera, le lendemain, à l'appel de onze heures, la compagnie de laquelle il fait partie prendra les armes , se formera en cercle, et le Dévoué qui se sera grisé étant dans le cercle , le capitaine ordonnera au tambour , clairon ou fifre , de présenter un bol plein d'eau pure , qu'il fera boire au Dévoué qui se serait rendu coupable d'ivrognerie ; à la seconde fois que le même se grisera , les mêmes dispositions seront prises ; seulement on fera boire deux bôls d'eau pure à l'ivrogne ; le bol sera de la capacité d'un bol où l'on sert le café au lait. A la troisième fois que le soldat Dévoué s'enivrera , on ne lui fera plus boire d'eau ; il sera exclu et renvoyé dans un autre régiment de la même manière que celui qui aurait épuisé les dix grandes réprimandes.

Le Dévoué à la Patrie , n'importe le grade dont il sera revêtu , sera passible des conseils de guerre , s'il commettait un délit prévu par les lois et réglemens militaires ; il devra en subir toutes les conséquences.

Administration des Dévoués.

La même que celle d'un régiment de ligne.

Solde des Dévoués.

Elle devra être fixée par le citoyen Ministre de la guerre.

Vivres : Viandes , Liquides , Légumes secs , Riz et Sel.

Les vivres que le gouvernement de la République fera délivrer aux Dévoués à la Patrie , comme à toute l'armée , seront toujours de bonne qualité ; mais s'il est reconnu , après en avoir fait l'analyse , que l'agent du gouvernement qui sera chargé de distribuer ait altéré ces mêmes vivres dans un but cupide , ait introduit ou fait introduire des substances étrangères et malsaines , n'importe le rang qu'il puisse occuper , sera immédiatement arrêté ; s'il est prouvé qu'il est coupable , il sera sur-le-champ passé par les armes ; s'il est reconnu que l'agent qui aura été arrêté n'est pas coupable de ce crime , il faudra remonter de chaînon en chaînon , et à coup sûr , on trouvera le coupable , qui sera condamné comme voleur et empoisonneur , et passé immédiatement par les armes.

Vous n'avez , Citoyen Ministre , que ce moyen pour ramener les hommes cupides qui peuvent se trouver dans l'administration de l'armée à des sentimens loyaux , honnêtes et désintéressés ; dans le cas contraire , soyez bien convaincu , Citoyen Ministre , que cette classe que je signale fera plus de mal à l'armée Républicaine que l'ennemi , et par suite amener des catastrophes qui non-seulement perdraient l'armée, mais notre belle Patrie.

Si je m'explique ainsi , c'est que j'ai vu les infâmes tripotages que ces hommes sans cœur ont constamment pratiqués , et très certainement ils ne manqueraient pas de renouveler leurs turpitudes dans l'armée Républicaine pour l'anéantir ; c'est ce qu'il faut éviter , et ce qui doit être l'objet d'une vive sollicitude et une constante préoccupation des hommes essentiellement éminens, et pardessus tout , patriotes , qui sont à la tête du gouvernement.

Voilà , Citoyen Ministre , la pierre à l'édifice républicain que vous formez ; je sais bien que l'on dira que l'organisation que je présente est la création d'un corps d'élite, que , sous une

République, il ne doit pas exister : erreur grave qui ne pourra pas supporter les deux faits pris sur mille que je vais présenter : A la bataille de Marengo notre armée était en pleine retraite pour ne pas dire plus ; mais la Garde Consulaire semblable à une montagne de granit arrêta les efforts victorieux des Autrichiens, cette élite donna le temps au général Dessaix d'entrer en ligne, de se former et de ramener la victoire sous nos drapeaux qui nous avait échappé. Eh bien ! si les valeureux soldats qui faisaient partie de cette élite avaient été éparpillés dans les bataillons de l'armée, ils auraient suivi le torrent de la débâcle, et les colonnes de Dessaix embarrassées, encombrées auraient infailliblement été entraînées dans la déroute; dans une armée ainsi défaite, les hommes de cœur, les intrépides soldats qui s'y trouvent ne peuvent rien contre la terreur panique qui s'empare d'une troupe quelconque : or, un corps d'élite est d'une impérieuse nécessité.

Lorsque à la bataille de Leipsik, par une lâche et infâme défection des Saxons, l'armée française fut repoussée et battit en retraite d'une manière pas trop régulière, heureusement que la garde impériale était encore fort nombreuse; les troupes d'élite Autrichiennes, Prussiennes et l'armée Bavaroise assemblées et réunies à Hanau, eurent la prétention d'arrêter notre armée et la faire prisonnière de guerre; mais la garde impériale, les gardes d'honneur, jeunesse dorée, qui se couvrit de gloire et d'honneur, écrasèrent et passèrent sur le ventre à tous ces ennemis.

Je le dis hautement, rien de plus terrible qu'un jeune homme bien élevé lorsqu'il est aguerri, son éducation et son instruction lui doublent son énergie et sa force morale.

Eh bien! sans la garde impériale et les gardes d'honneur, l'armée démoralisée ne serait jamais sortie de l'Al'emagne.

Il est donc bien démontré, jusqu'à la dernière évidence, de créer le plus promptement possible le corps dont je propose l'organisation. Je suis intimement convaincu que les hommes de cœur qui possèdent le feu sacré de la patrie, et il n'en manque pas en France, se présenteront pour en faire partie: je crois encore que si le 1er régiment des Dévoués à la Patrie se trouvait jamais dans un moment critique, désespéré, comme la garde impériale à Waterloo, et qu'on lui proposât de se rendre, il répondrait avec autant d'enthousiasme que de fierté : «Les Dévoués à la Patrie meurent , mais ne se rendent pas ! ! ! »

J'ai l'honneur d'être, avec les sentimens de la plus sincère fraternité ,

Citoyen Ministre ;

Votre devoué ,

GABRIEL-DOMINIQUE **BASCANS** ;

Capitaine en retraite, officier de la Légiond'Honneur, faubourg et grande rue St-Etienne , 28.